COVID-19

Cronicas de una sociedad en agonia.

BRYAN ARROYO C.

GUAYAQUIL-ECUADOR

Introducción.

El covid-19 es una enfermedad infecciosa causada por el coronavirus, que afecta principalmente las vías respiratorias causando graves lesiones en el organismo, incluso la muerte.

En lo personal, yo estuve infectado con esta enfermedad, pero milagrosamente y por gracias de DIOS pude recuperarme rápidamente.

Mi caso fue muy curioso porque estuve enfermo solo 1 día, parece imposible de creer, pero es cierto.

Al sentir ciertos síntomas en mi cuerpo decidí hacerme una prueba y pues salió positivo, los síntomas aparecieron el mismo día de la prueba, esa noche no podían dormir, tenía fiebre altísima, dolor al cuerpo y dificultad para respirar. Aplique unos métodos caseros que indudablemente me curaron, además y obviamente el poder de DIOS.

A lo largo de mi vida me ha sido muy difícil enfermarme ya que crecí en un sector extremadamente pobre y pues nosotros estábamos rodeados de peligros y enfermedades, al parecer mi organismo desarrollo defensas muy efectivas.

Cuando estuve enfermo, lo que ingería para curar la enfermedad era un remedio casero muy efectivo que gracias a DIOS me curo. Consistía en hervir una naranja, 2 limones, un trozo de jengibre, canela y manzanilla.

Tome esto en la mañana, en la tarde y antes de ir a dormir.

Si tienes esta enfermedad o quieres aumentar tus defensas te animo a que hagas este remedio casero muy efectivo.

Además de la enfermedad, existe un factor de mayor impacto que me estaba matando, y aun quedaron secuelas en mí. Este factor es la pobreza. En este libro abordaremos algunas perspectivas y verdades detrás de esta enfermedad que tanto ha azotado a la población mundial.

ANTECEDENTES DEL COVID-19

El covid-19 ya ha tenido su paso por la historia, aunque no exactamente con este mismo nombre, ya que cuando fue descubierta se la conoció como **SARS**. Podemos decir que el covid-19 es una evolución del SARS ya antes descubierta.

No existen registros exactos de la aparición de esta enfermedad, pero los estudios afirman que la primera aparición fue en 1930 en un brote respiratorio que afectaban a las aves de corral domésticas.

El segundo brote descubierto fue en el año 2002 conocido como **SARS-COV.**

En el 2012 se registró otro caso el cual se llamó **MERS-COV.**

El que conocemos en la actualidad, descubierto en Wuhan, China, a fines de 2019, lleva por nombre de **SARS-COVD2** o también **COVID-19.**

¿Existe una cura para esta enfermedad? Han resultado algunas teorías sobre este tema.

¿Por qué nos cuesta tanto descubrir una cura para esta enfermedad?

El cuestionamiento que muchos nos hacemos, pero mi intención es que todos reflexionemos ante lo que está sucediendo en el mundo y lo que realmente pueda ocurrir.

LOS FACTORES SOCIALES.

La población mundial se vio gravemente afectada principalmente en la salud y la economía. Personas que vivimos en la pobreza, las cuales día a día tenemos que enfrentar la desigualdad social, el maltrato psicológico, el racismo (en mi caso soy afro-ecuatoriano) la pobreza, la falta de oportunidades y otros factores más.

Es muy triste observar como todos estos factores nos afectan y para colmo llego el brote del covid-19. Esto se asimila a un castigo divino, pero no es asi.

Los pobres cada vez más pobres. Si antes se nos dificultaba acceder a un servicio de salud digno, con esta enfermedad se nos hacen imposible.

Si antes se nos dificultaba tener un trabajo digno, ahora ya no tenemos ni siquiera una entrada económica para sustentar nuestras familias.

El desempleo subió en un 110% es decir, no tenemos empleo, no tenemos salud, nos vemos obligados a inscribir a nuestros hijos en educación particular ya que el sistema fiscal está colapsado y de muy bajísima calidad. Tenemos que pagar pensiones altísimas para dar una educación digna para los hijos. Y ni hablar de los servicios básicos. Antes de la pandemia debíamos pagar 50 o 60 dólares por un consumo mínimo, pero es increíble porque nuestro país tiene hidroeléctricas y debemos pagar tanto por servicio de energía. Lo más increíble de todo es que en esta pandemia, las planillas se triplicaron, el consumo fue muchísimo más altos, ahora debemos pagar 100 dólares y más.

Sin empleo y con un montón de deudas que pagar, estamos condenados al abismo, aunque no siempre fue así.

En la administración anterior del gobierno, hubo muchas más oportunidades para los menos desfavorecidos. En la actualidad se condenan más a los pobres y a los adinerados se les da prioridad y pleitesía.

Los pobres debemos pagar las deudas de los ricos, eso ocasionó un despido masivo de trabajadores sin un pago de liquidación por los años de servicio, ¿Qué quiere decir? Si un trabajador estuvo activo en su trabajo durante 20 años, al despedirlo solo le darán 400 dólares por todo el tiempo que trabajo. Al menos ha sido el caso de muchas personas con las que he conversado.

En mi caso me despidieron de mi trabajo sin una liquidación y las autoridades no hicieron absolutamente nada.

Antes de la pandemia, el único empleo que pude conseguir fue como docente en una escuela particular el cual ganaba la mitad de un sueldo básico, es decir, no me alcanzaba para nada. Intente buscar empleo en otros lugares, pero por mi condición de afro no me daban la oportunidad. Soy egresado de la carrera de ingeniería en marketing y negociación comercial pero aun así no había oportunidades para mí. Provengo de una familia cristiana y los valores que me han inculcado han sido: responsabilidad, honestidad, esfuerzo, humildad y empatía. Mi hoja de vida no esta manchada por algún mal comportamiento o alguna mala reputación, sin embargo, en mi país las oportunidades se dan a través de "palancas" sin tener el conocimiento te contratan solo porque sobornas a algún supervisor o dueño de alguna compañía.

La canasta básica en Ecuador está al precio de 628,**27** dólares mientras que un sueldo básico antes de la pandemia estaba a **400** dólares, ¿las autoridades realmente sabrán matemáticas o los estafaron en la escuela?

Ahora con la pandemia están obligando a los trabajadores a realizar su jornada de trabajo con una reducción de sueldo, es decir, ganan menos de 400 dólares y la canasta básica sigue en aumento.

Al parecer la pandemia no nos matara sino la mala administración y la corrupción.

Estamos sin empleo, no tenemos salud, nuestros hijos no tienen educación, las reformas que saca el gobierno cada día benefician a los más ricos y los pobres más pobres.

El gobierno propuso un bono de 60 dólares para aquellos que ganaban menos de 400 dólares, pero nunca me vi beneficiado de ese bono ya que estoy desempleado desde febrero.

Aunque en lo personal, en lugar de un bono de 60 dólares, preferiría un trabajo digno y suficiente para mantener a mi familia.

El gobierno ejecuto un plan para dar canastas alimenticias a los más pobres, pero hasta el día de hoy no he recibido la dichosa canasta,

Y vuelvo a repetir, en lo personal, preferiría que el gobierno realizara un plan para abrir fuentes de trabajo a los que más necesitamos.

Nuestra única esperanza está en DIOS que nunca nos ha desamparado, nos mantiene de pie ante una sociedad de injusticia y llena de pobreza extrema. Hemos retrocedido al pasado donde el pobre debía ser más pobre para beneficiar al más rico.

LA CALIDAD DE LA EDUCACION EN NUESTRO MEDIO.

La educación y el emprendimiento son las bases para salir de la pobreza, la educación es el medio para liberarnos de la sombra del fracaso. Por eso es importante invertir muchísimo en la educación y principalmente en los que de ella se benefician como son los niños y niñas de nuestro país. Por inercia propia es importante ofrecer una educación de calidad y calidez para despertar en los estudiantes un espíritu de progresar y en efecto hacer progresar al país. ¿Qué sucede si se da la educación con muchos obstáculos y trabas? Cuando esto sucede, la clase baja se nos limita de aprender y se nos sentencia a la ignorancia. Cuando salí de la escuela, a mis padres no les quedó más remedio que inscribirnos en un colegio particular ya que los colegios fiscales estaban en zonas céntricas o lugares de clase media, y para nosotros de clase baja era imposible acceder a dicha educación gratuita. Me inscribieron en un colegio donde las pensiones eran altísimas y me cobraban hasta lo más mínimo. Nos cobraban una mensualidad alta, aparte eran uniformes costosos, teníamos que comprar libros los cuales eran muy caros, aparte pagar derecho de examen, aparte la papelería y entre muchos otros gastos. Somos 9 hermanos en total y ya se imaginarán la cantidad de deuda que teníamos, sin tomar en cuenta que mi papa no tenía un trabajo estable. Yo siempre estaba debiendo valores en el colegio y por eso me regresaban a casa o no me dejaban entrar, recuerdo mucho que, para el juramento de banderas, nos exigieron comprar hasta y banderas de todas las provincias, yo no tenía dinero así que fui con una pequeña bandera prestada y un palo de escoba, sin contar que mi pantalón tenía un enorme agujero en la rodilla. En muchas ocasiones para ayudar a mi familia y a mis estudios me iba con mi mama a la entrada de la 8 a vender productos de Nestlé que estaban a punto de caducar, recuerdo que lo hacíamos de lunes a viernes de 7 de la noche hasta las 11. Los sábados y domingos vendía corviches por las calles. Nunca pensé en retirarme de mis estudios, a pesar de la gran dificultad que tenía. En la actualidad tenemos un par de escuelas fiscales las cuales están colapsadas, en cada aula conviven entre 50 o 60 estudiantes. Se imaginarán lo dificultoso que es aprender. La mayoría de los jóvenes consumen droga dentro de las aulas y los docentes no pueden decir nada. El otro día, llego mi sobrino para que le ayude a resolver un cuestionario de exámenes, ya que la maestra le dijo que lo resuelvan en casa. Lo resolví con él y al otro día me dijo que ese cuestionario que resolvimos se lo habían hecho contar como el examen. Me pareció increíble cómo se está tomando a la ligera la educación fiscal. La semana pasada me encontré con errores en libros que otorga en gobierno. Otro sobrino que está en 4to grado le están enseñando la tabla del 3 cuando en mi época a esas alturas ya sabíamos todas las tablas, incluso multiplicar, dividir y la raíz cuadrada. Lo más sorprendente de todo es que en los libros que les están enseñando existen errores graves. Debemos ser conscientes de que no se puede jugar con la educación de nuestros hijos porque de eso depende el futuro que se forje en ellos. El gobierno debe dar muchísima prioridad ya que por la pandemia muchos no están estudiando por falta de internet y equipos tecnológicos. La prioridad de las autoridades es otra y los que siempre somos los más afectados somos los pobres que debemos arreglárnosla como podamos

LA HISTORIA DE WALTER, EL ALMA VISTA CON OJOS NUEVOS.

En mi ignorancia y mala conciencia, siempre me disgusto la presencia de los famosos "recicladores" fue una estupidez mía condenarlos en mi mente de lo cual estoy mil veces arrepentido de aquello. mi pensar fue de que ellos roban, son mal ejemplo para los más pequeños o que siempre rompen fundas de basura causando el caos ambiental, pero tuve un encuentro con uno de ellos el cual me marco la vida.

en una noche, me encontraba camino a casa, cuando de repente apareció uno de estos personajes, me pidió algo de comer. admito que no tenía nada en el bolsillo y mi mente despreciaba su presencia (otra estupidez mía). para mi resultaba fácil ignorarlo y continuar mi camino, pero no sé qué sucedió y decidí verlo con ojos nuevos, automáticamente mi mente se abrió y frente de mí no había ningún reciclador o hachero como usualmente se lo conoce, no vi a ningún vagabundo ni pordiosero, frente de mi había un joven asustado, desesperado, confundido, hambriento y atrapado en una repudiante cadena destructiva de drogadicción. ya no vi más al reciclador que tanto repudié por muchos años, sino que vi a la persona que estaba detrás de él, **LO VI CON OJOS NUEVOS**. cuando me pidió algo para comer, le dije que en ese momento no tenía nada en el bolsillo, pero si me acompañaba unas cuadras más adelante podría ofrecerle algo que tenía en casa, el chico gustosamente aceptó. Mientras caminábamos, rápidamente entable una conversación con él, primeramente, conocer la personalidad del chico detrás de esa mascara de vagabundo, me agrado por que él fue abierto conmigo y sus palabras fueron sinceras. su nombre es Walter y tiene 16 años, la vida lo golpeo muy fuerte desde temprana edad, tanto como para optar una vida en las calles. me conto que a la edad de 3 años su padre lo abandono, y en la actualidad le dijo que no quiere saber nada de él. me conto también que su madre trabaja como empleada doméstica y que lastimosamente recibe un sueldo de 200 dólares trabajando más de 12 horas, su madre tiene otra pareja el cual tuvo otra hija de 9 años, la cual no pudo acceder a la educación por el colapso y gran cantidad de estudiantes en el sistema fiscal, muy aparte de eso no cuenta con internet para recibir las clases virtuales, la actual pareja de la mama de Walter está desempleado y el único sustento es el pequeño sueldo de 200 dólares que gana la señora. Walter nos cuenta que fue víctima de maltratos por parte de su padrastro y eso lo obligo a trabajar en las calles desde los 12 años. con lágrimas en los ojos me contaba que en la calle encontró un grupo de amigos el cual lo llevaban a monte-bello, el mercado mayorista de víveres más grande del nor-oeste de la ciudad, allí ellos recogían de la calle verduras para revenderlos y llevar algo de dinero a su hogar. esta práctica se hizo muy seguido y con el tiempo, estos dichosos amigos empezaron a proponerle otras cosas, como drogarse o robar, Walter en su inocencia creía que esto no se saldría de control, pero cuando se dio cuenta, ya se encontraba atrapado en ese penoso mundo de vicios. Llorando, Walter me comentaba que él está muy arrepentido de esa vida que llevaba pero que no podía hacer nada para salir de eso ya que la gente lo juzga y lo repudia, la sociedad lo rechazaba y su único consuelo era la droga y el alcohol, admito que se me hizo un nudo en la garganta y me sentí culpable por que yo fui parte de esos que lo rechazaba y lo repudiaba, mi actitud alejaba a estas personas y los convencía más de drogarse, pero estoy totalmente arrepentido y dispuesto a trabajar para ver un cambio en estas personas. para culminar con Walter, le dije que detrás de todo eso estaba un joven muy bueno pero que la sociedad lo condeno a ser quien era ahora, llegamos a mi casa, le ofrecía algo de comer, le regale ropa para su hermana de 9 años y agradeciéndome se fue. de esta historia, saco la conclusión de que somos jueces ante los demás y con nuestras actitudes destruimos vidas sin darnos cuenta, cuando sintamos rencor, odio o algún otro sentimiento negativo hacia alguien, recordemos que detrás de eso existe una persona a la cual la vida lo golpeo, mi niñez no fue fácil, fue muy dura, y nunca tuve la comodidad que muchos tuvieron, es fácil hablar y cuando uno está en una posición alta, es fácil hablar y condenar a los demás, pero todos deberíamos tener EMPATIA hacia los demás. mi sueño es poder instruir a estos personajes a los cuales se los llaman "hacheros" mi mayor sueño es tener un centro de rehabilitación donde una vez rehabilitados se les enseñe un oficio como panadería, serigrafia, carpintería y muchos más, para que ellos salgan a ejercer alguna profesión y puedan ser de gran aporte a la sociedad. este es un sueño que tengo, no sé cómo lo hare, no cuento con los recursos ni el apoyo necesario, pero luchare hasta lograrlo. Walter fue mi inspiración y los motivo a ustedes a que miremos a estas personas CON OJOS NUEVOS.

LA VERDADERA PANDEMIA.

La verdadera pandemia en nuestro medio no es a ciencia cierta el covid-19, la verdadera pandemia es la corrupción, la madre de todas las pandemias. Ecuador este inundado hasta el cuello de corrupción.

Cada día se descubre nuevos casos de corrupción por parte de los políticos que están a cargo del país, y las autoridades y los jueces se hacen de la vista gorda, tienen ojos para condenar a los pobres, pero a los ricos no, esta es una red de corrupción que empieza por la cabeza principal y nunca termina, porque en los casos de corrupción están involucrados los políticos, la familia de los políticos, los jueces, actores de televisión, personal influyentes empresarios etc.

La pandemia fue una excusa para subir el precio de los productos de la canasta básica, subir las tarifas eléctricas, de agua, teléfono e internet. Las clases que reciben los niños son vía online se necesita obligadamente una conexión estable de internet, pero nosotros los pobres no tenemos acceso ello. Ahora ni si quiera pueden estudiar. Se propuso por parte del gobierno retomar las actividades escolares presenciales en el mes de agosto exponiendo la salud de los niños.

No entiendo qué clase de persona se le ocurre eso. Todo para "reactivar la economía"

Políticos que en el pasado fueron los causantes de una crisis enorme del país, hoy en la actualidad regresaron y el gobierno los ha puesto en cargos importantes, esto ha producido el desempleo y la persecución de gente honesta que realmente si cumplía con su trabajo.

El manejo de la pandemia en nuestro medio fue un desastre, fue el peor país en manejar la situación de la pandemia en el mundo.

El sobreprecio en la compra de insumos médicos para la lucha contra el covid-19, mascarillas que generalmente cuestan 0.35 ctvs. Con la pandemia las compraban a 2 dólares. Pruebas rápidas que en el mercado generalmente están a 11 dólares, las autoridades las compraban en 23 dólares.

Un grupo de médicos que arriesgaban su vida combatiendo esta pandemia fueron despedidos sin ninguna explicación. Y los médicos que quedaban no tenían los insumos de bioseguridad para salvaguardar su vida.

Continuando con los sobreprecios, existieron contratos millonarios con empresas falsas administrada por familiares de los políticos, en su gran mayoría alcaldes, asambleístas entre otros. Los jueces ni la contraloría no investigaban estos casos, y cuando se decidieron hacerlo lo único que aplicaban era el arresto domiciliario por falta de pruebas. ¡Decepción total! La justicia en este país no existe, lo que sí existe es la corrupción y los sobornos por todas partes del país. Las donaciones internacionales que llegaron al país fueron repartidas entre los políticos, nunca fueron evidentes en obras o manejo de la pandemia. ¡nunca!

Dinero que llego de otros países que se solidarizaron con la caótica situación, fue repartido entre los políticos a cargo, ¿existen pruebas de esto? ¡Claro que sí!, se han encontrado miles de dólares en las viviendas de los políticos, incluso asambleístas que intentaron huir del país llevándose dinero en maletines y mochilas, hoy en día uno de ellos se debate entre la vida y la muerte cuando huía en una avioneta y esta se estrelló en el país vecino Perú. A este personaje se le descubrieron un sinnúmero de casos de corrupción, como paraísos fiscales, bienes injustificados como vehículos lujosos los cuales adquirió con un carnet de discapacidad, a pesar de que el no padece de ninguna discapacidad.

El sistema de salud estuvo traficando carnets de discapacidad a personajes importantes ya que de este obtendrían un beneficio arancelario.

Jueces, asambleístas incluso deportistas se les otorgo el carnet de discapacidad sin padecer de ningún desperfecto físico o algún problema mental.

Las cifras de contagiados y fallecidos por covid-19 fue maquillada brutalmente por parte del gobierno y de los medios de comunicación. La cifra fue y es tres veces más de lo que se publica generalmente.

En Guayaquil, mi ciudad natal, el pico de la pandemia alcanzo altísimos niveles, los cadáveres eran incinerados en las calles, en su gran mayoría no podían ser sepultarlos ya que los cementerios estaban colapsados, los hospitales de igual manera. El gobierno actual antes de la pandemia nunca se preocupó por construir hospitales o escuelas, solo derrochaba el dinero en cosas sin importancias, ahora con la pandemia no tenían recursos, y los pocos que quedaron se los repartió el círculo de la corrupción.

Las donaciones internacionales no fueron evidentes para nada. Personalmente creo que se están aprovechando del buen corazón de los gobiernos solidarios de otros países. Cada mes se realizan préstamos para priorizar el pago de la deuda externa mientras que el pueblo muere de una manera acelerada, tanto por la crisis como la pandemia.

Personas humildes que queremos salir adelante, y obtener un trabajo digno para vivir no podemos hacerlo por la desigualdad social y la corrupción extrema. Estamos en semáforo rojo de corrupción. Estamos en el pico más alto de corrupción de la historia y lo peor de todo es que nadie hace nada.

Los jueces y fiscales están contagiados de pura corrupción así que no sabemos a quien acudir.

Los medios están aliados al gobierno ya que ocultan la verdad de la situación del país. Una perspectiva de la gente que realmente está padeciendo, más no la perspectiva de un político que tiene la vida solucionada. El medio para salir de la pobreza es la educación, pero el gobierno no se preocupa de eso.

Nos condenan de tenernos al margen del conocimiento y la superación, por eso muchos de nosotros nos concierne auto educarnos, porque al parecer para los grupos de poder, debe existir un equilibrio social donde la clase alta predomine sobre la clase trabajadora.

La justicia no está a nuestro alcance, la salud ni la educación tampoco. Prácticamente nosotros no tenemos derechos y lo peor es que no tenemos a quien acudir.

La prensa, oculta la realidad del país, la gente se decepciono tanto del sistema de salud que prefirieron quedarse en casa aun estando contagiados y el gobierno celebraba victoria porque creía que el pico de la pandemia había bajado, lo que no sabe es que la gente opto por auto medicarse con remedios caseros como en mi caso ya que no tuve acceso a la salud pública. Optaron por la medicina casera y al parecer resulto más efectiva que la medicina farmacéutica, y no culpo a los médicos ya que ellos hicieron un doble de esfuerzo para combatir esta enfermedad, pero el gobierno tenía otras prioridades que dar un buen equipamiento a los galenos.

Las medicinas que fueron donadas de otros países fueron negociadas por personas que no tenían ni título de médicos ni de farmacéuticos, la pregunta es ¿Cómo llegaron estas medicinas a manos de estos estafadores? Obviamente un organismo público se las facilito como pacto de sus fechorías. Aunque los jueces no actúan conforme a la ley, no piensan con la mente, más bien con el bolsillo.

El dinero de los ecuatorianos destinado a aquellos que no contribuyen con el país.

No tenemos salud, no tenemos educación, no tenemos empleo, no tenemos justicia, no tenemos paz, no tenemos nada.

ACTORES DE CAMBIO

Como lo dije anteriormente, la educación y el emprendimiento es la base principal para que un pueblo o nación salga de la pobreza, acompañadas fuertemente de valores como la honestidad, responsabilidad y empatía.

Es obvio que a nuestros políticos les hace falta mucho de eso o tal vez el dinero hizo que se les olvidara. Pienso firmemente que cuando alguien quiere servir no necesita de la política, porque en el momento que ve la política como medio de servir a los demás, esta se convierte en un negocio.

No se necesita de la política para servir al prójimo, cuando se quiere servir de corazón, se lo hace desde la posición donde estés. En un juego de ajedrez la mayor autoridad del juego la tiene el rey, pero este necesita de peones que lo protejan y sin llevarse el crédito, pero lo más curioso es que cuando el juego se termina, y las fichas son guardadas en la caja, ninguno tiene autoridad, todos son tratados de igual manera. El pueblo cumple un papel importante ya que, sin el pueblo, la cabeza principal que es el presidente no seria nada.

La lucha debería ser a favor del pueblo y no en contra del pueblo.

En mi ciudad Guayaquil por muchas ocasiones se ha caracterizado por ser una ciudad moderna con grandes arquitectura y gran afluencia del comercio. Guayaquil no tiene nada que ver con eso porque el verdadero Guayaquil lo conforma el barrendero que se levanta a las 5 de la mañana para mantener limpia la ciudad, el que vende pan, el maestro albañil, la señora que prepara los almuerzos, los docentes, los bomberos, los médicos los policías y militares. Todos ellos le dan vida al verdadero Guayaquil y por qué no, al verdadero Ecuador.

La prioridad de los políticos debería ser esa, velar por la integridad de aquellos que trabajan arduamente para que el país salga adelante.

Un país donde un asambleísta "trabajando" 1 hora gana más que un docente que trabaja 12 horas.

Un futbolista gana muchísimo más que un bombero o un policía.

La desigualdad es evidente y nos han aislado como parte de la sociedad, nos han hecho creer que somos parte del problema y que los derechos humanos no aplican para nosotros.

Por mi condición étnica no soy acreedor para un trabajo digno y justo el cual me alcance para mantener a mi familia y sin contar que somos 9 hermanos más papa y mama. En mi casa somos 11 personas en total y sobrevivimos como podemos.

Vivimos en un barrio extremadamente pobre donde la policía no ingresa. Al parecer somos parte de algún país no explorado y menos de Ecuador. Y así ocurre con otras comunidades donde se han olvidado de ellas, donde no tienen los derechos de una persona adinerada, donde el político solo se hace presente en tiempos de elecciones, y luego desaparece.

Ecuador es el país de la injusticia y desigualdad, pero no solamente aquí ocurre esto, en otros países de américa latina también.

Soy un joven apasionado por la justicia, apasionado por el trabajo y apasionado por la empatía. Mi sueño es poder darle a los míos el trato que se merece y cuando hablo de los míos no me refiero precisamente a mi familia sino a mi país entero, no me agrada la política ni tampoco me interesa, lo único que quiero es justicia, y equidad.

Estamos en emergencia, pero no sanitaria, estamos en emergencia de corrupción y nadie hace nada.

El cambio lo podemos hacer todos y esa es la debilidad de cualquier organismo, cuando el pueblo se levanta el juego se termina.

Existen organizaciones como misión alianza de noruega y que de manera desinteresada han luchado arduamente para empoderar a las comunidades más vulnerables. Estoy infinitamente agradecido con misión alianza y también de la CECE (comunidad de estudiantes cristianos del Ecuador. También conocida internacionalmente como IFFES) ya que por muchos años han contribuido en mi comunidad y más aún contribuyo en mi conocimiento a tal punto de ver la vida atreves de los ojos de JESUS, mi mayor modelo a seguir como un líder empático.

Doy gracias a DIOS por MISIÓN ALIANZA y la CECE, por mi familia, por todo mi país que lastimosamente está al margen de una situación en decadencia. Esta es la verdad de la pandemia, CRONICAS DE UNA SOCIEDAD EN AGONIA. Espero que este libro despierte en ti un espíritu de lucha contra toda injustica y que juntos podamos salir adelante, no importa de qué país seas, todos somos hermanos y lo que nos une es el corazón.

www.ingramcontent.com/pod-product-compliance
Lightning Source LLC
LaVergne TN
LVHW052107160826
845678LV00015B/3401

* 9 7 9 8 7 0 1 6 4 0 1 4 4 *